ÉLOGE

DE

MONTESQUIEU

PRONONCÉ

A L'INAUGURATION DE SON BUSTE

AU COLLÈGE DE JUILLY

Le 15 Juin 1891

PAR

M. Amédée LEFÉVRE-PONTALIS

ANCIEN DÉPUTÉ

ÉLOGE DE MONTESQUIEU

ÉLOGE

DE

MONTESQUIEU

PRONONCÉ

A L'INAUGURATION DE SON BUSTE

AU COLLÈGE DE JUILLY

Le 15 Juin 1891

PAR

M. Amédée LEFEVRE-PONTALIS

ANCIEN DÉPUTÉ

ÉLOGE DE MONTESQUIEU

Juilly s'était mis en fête le 15 juin 1891, pour faire
accueil au buste d'un de ses plus illustres élèves,
Montesquieu. Les arrière-petits-fils de l'auteur de
l'*Esprit des lois*, Messieurs Charles, Gaston, Albert,
Gérard et Godefroy de Montesquieu, au moment de
donner au public toute la collection des œuvres inédites
de leur aïeul qui vont paraître dans le courant de cette
année, ont voulu rendre hommage au collège qui a
formé son génie, en lui offrant une reproduction de
son image, due au ciseau de Houdon, et ont chargé
M. Amédée Lefèvre-Pontalis, ancien membre de
l'Assemblée nationale, de prononcer à cette occasion
le discours d'usage. Messieurs et mesdames de Montesquieu, accompagnés de leur famille, ont été reçus

à la porte du vieil et célèbre établissement, par le
R. P. Olivier, supérieur, assisté des RR. PP. Chauvin
et Bouscaillou, de M. Calla, ancien député, et de
M. Barre, tous deux membres du conseil d'adminis-
tration du collège. Devant une nombreuse assistance,
M. Siméon Luce, le jeune président de l'académie de
Juilly, a souhaité en ces termes la bienvenue à M. le
baron de Montesquieu, qui avait accepté la présidence
de la réunion :

MONSIEUR LE PRÉSIDENT,

Votre présence à Juilly est une fête pour le Collège, et
l'Académie Malebranche est heureuse de saluer en vous et
dans les membres de votre famille qui vous entourent
les dignes héritiers d'un grand nom qui est non-seulement
une gloire juliacienne, mais encore une gloire nationale.
Le culte filial que vous avez voué à la mémoire de votre
illustre trisaïeul, le monument que vous élevez en son
honneur en préparant une édition complète et définitive de
ses œuvres, le buste si remarquable que vous avez bien
voulu nous offrir, vous assurent ici — et au sein de
l'Académie Malebranche en particulier, — le plus sympathique accueil et nos plus vifs sentiments de reconnaissance.
Nous aussi, nous sommes un peu de la famille, permettez-
nous de vous le dire, car l'éducation que Montesquieu reçut
ici l'a fait enfant de Juilly et l'un de nos aînés. Il est des
nôtres, et tout ce qui peut contribuer à le mieux faire
connaître nous est particulièrement cher.

Tout à l'heure nous aurons l'honneur et le bonheur d'entendre M. Amédée Lefèvre-Pontalis prononcer avec la double autorité de sa science et de sa vie l'éloge du grand écrivain et du grand philosophe que fut Montesquieu. Nous sommes heureux de saluer et de remercier l'homme de talent et de cœur qui n'a jamais su transiger avec ses convictions, et qui, toujours plus soucieux *de l'honneur que des honneurs*, lutte, infatigable, pour la défense de tout ce qui a fait dans le passé la force et la grandeur de la France.

C'est toujours pour nous une joie de revoir ici et d'applaudir aujourd'hui à ses côtés un ancien élève de Juilly qui s'est fait comme lui l'habile et ardent défenseur des causes vaincues : M. Calla.

Merci donc, Monsieur le président, de votre visite, des paroles que vous nous adresserez tout à l'heure et des souvenirs durables de votre passage parmi nous que vous voulez bien nous laisser. Vous enrichissez la bibliothèque du Collège, vous dotez notre salle des fêtes d'un buste qui fera revivre à nos yeux la figure si noble et si expressive de Montesquieu.

Puisse le souvenir de ce grand homme qui, par tant de côtés, s'est élevé au-dessus de son siècle, nous apprendre l'amour du travail poussé jusqu'au sacrifice, la recherche de la vérité, l'amour de la liberté, la vraie bonté d'âme, le courage enfin de terminer comme lui notre vie par une mort sincèrement chrétienne !

M. Amédée Lefèvre-Pontalis prononce alors le discours suivant :

Mes Révérends Pères,
Mesdames,
Messieurs,

Ce n'est pas, je puis vous l'assurer, une banale affectation de modestie qui me rend hésitant et presque craintif en présence de cette figure de Montesquieu — si délicatement louée à l'instant même — qui vient, grâce à la piété filiale de ses descendants, s'ajouter à la galerie des grands élèves de Juilly.

Le fameux sculpteur Houdon a retracé son portrait moral aussi bien que son portrait physique. Nous avons sous les yeux cette tête d'où l'*Esprit des lois* est sorti, comme Minerve du cerveau de Jupiter, *prolem sine matre creatam* (c'est Montesquieu lui-même qui a donné cette épigraphe à son livre). Mais en même temps nous voyons errer sur ses lèvres le malicieux sourire de l'auteur des *Lettres persanes*, double souvenir bien capable de troubler celui qui ose l'évoquer devant vous.

L'honneur que j'ai de lui être allié m'a fait désigner par ses petits-fils, présents à cette solennité, pour vous parler de lui. Mais parler de Montesquieu, quelle témérité ! Depuis bientôt un siècle et demi, son nom et son œuvre sont livrés à l'admiration des hommes. Pas un critique littéraire, pas un historien, pas un politique philosophe, pas un magistrat chargé de haranguer quelque compagnie judiciaire, qui n'ait disserté longuement sur sa doctrine et sur son influence. Pour résumer son génie en un quart d'heure, après d'Alembert, après Villemain, après Sainte-Beuve et tant d'autres, pour exprimer seulement sur son compte une

idée un peu neuve ou originale, il faudrait pouvoir lui
emprunter à lui-même ce don supérieur, qui est un de ses
traits caractéristiques, de porter en quelques mots, sur les
hommes ou sur les choses, un jugement décisif et sans
appel. Il enviait à Tacite sa brièveté : « Tacite abrégeait
tout, dit-il, parce qu'il voyait tout (1) ». Heureux ceux qui
peuvent suivre de tels modèles !

Mon ambition ne saurait s'élever si haut. Entre ces murs
qui ont été les témoins de ses premières études, devant ces
maîtres, dignes successeurs des Oratoriens qui l'ont élevé, il
me paraît intéressant avant tout de rechercher comment
l'éducation de Juilly a pu contribuer à développer son
génie. A cette terre fortifiante une jeune plante était confiée,
plante d'espèce rare et précieuse, je le veux bien ; mais
c'est ici, vous l'allez voir, c'est grâce aux soins qui l'ont
entourée, que la plante est devenue arbre, et a poussé ses
premiers et vigoureux rameaux.

Charles de Secondat, né au château de la Brède, près de
Bordeaux, le 18 janvier 1689, entra au collège de Juilly à
l'âge de 11 ans, en 1700, et y resta jusqu'en 1705. Son père,
M. de Secondat, baron de la Brède, appartenait à une famille
d'ancienne noblesse ; fils et petit-fils de présidents au
parlement de Bordeaux, il avait un frère, M. de Secondat,
baron de Montesquieu, président à mortier au même parlement, qui devait laisser un jour à son jeune neveu, avec sa
charge, le soin d'immortaliser son nom.

Quelle devait être la renommée de ce collège, pour qu'un
gentilhomme de Guyenne vînt, en dépit de la distance, y
abriter les premières années de son fils ? Fondé depuis
soixante ans, il était alors dans toute sa vogue. C'est l'époque

(1) *Esprit des lois*, XXX. ch. 2.

où Malebranche venait méditer la *Recherche de la vérité* sous les arbres de son beau parc. Bossuet était l'évêque du diocèse, et apparaissait de temps en temps dans la salle des actes pour présider une thèse, ou dans la chapelle pour faire entendre les derniers accents de sa voix. Les belles-lettres, la philosophie, les sciences, l'histoire y étaient cultivées avec un égal succès. L'histoire de France surtout, si négligée à cette époque dans l'Université, que Rollin lui-même avouait ne l'avoir jamais apprise, et se plaignait d'être, en quelque sorte, étranger dans sa patrie (1), l'histoire de France y était l'objet d'un enseignement approfondi. Elle avait pu être récemment professée par le Père Lelong, le savant auteur de la *Bibliothèque historique de la France*. Les élèves se montraient dignes de rivaliser avec les maîtres. Ici avait étudié Boulainvilliers, l'un des premiers qui ait eu le mérite, au prix même de quelques erreurs, de chercher à éclairer les origines de notre patrie. Mais on ne se bornait pas à apprendre l'histoire : alors comme aujourd'hui, les Pères de l'Oratoire excellaient à former une jeunesse qui brûlait d'aller en écrire quelques pages glorieuses avec son sang, à la pointe de l'épée. De cette maison venaient de sortir deux grands hommes de guerre : Berwick, un héros de Plutarque, qui allait assurer l'Espagne à Philippe V par la bataille d'Almanza ; Villars, proclamé maréchal de France par ses soldats sur le champ de bataille de Friedlingen en 1702, en attendant l'heure où il devait sauver la France dans la journée de Denain.

C'est entre ces souvenirs, ces émotions ou ces espérances que le jeune Charles de Secondat poursuivait ses études. S'il n'en fallait trouver la trace que dans les archives de la

---

(1) *Traité des Études*. Livre VI, avant-propos.

maison, son éducation nous paraîtrait singulièrement futile. La seule note que nous y trouvions sur lui se rapporte à sa toilette. L'un de vous, mes Révérends Pères, dans une très intéressante notice sur *Les Oratoriens instituteurs* (1), nous montre le futur auteur de *l'Esprit des lois* en « culottes d'écarlate à boutons d'or, avec un chapeau d'or, des manchettes, des gants, et un habit de « pinchina » bordé, à boutons d'argent, du prix de 91 livres 16 sous. Il monte à cheval, ajoute-t-on, il prend des leçons de danse qui élèvent sa pension et celle de son frère de 55 livres par an. »

Heureusement, il avait reçu dans ce collège d'autres leçons plus profitables, et il en emportait de plus solides principes. Il était nourri de la moelle de l'antiquité grecque et latine : « J'ai eu toute ma vie, dit-il, un goût décidé pour « les anciens.. ..... Cette antiquité m'enchante (2). » Il était passionné pour l'histoire. Un curieux a découvert un manuscrit de 78 pages de son écriture, intitulé : *Historia romana*, qui doit dater du temps de ses études (3) ; un de ses premiers essais, intitulé : *De la politique des Romains dans la religion*, publié avec ses œuvres, annonce déjà, par la fermeté de la pensée et du style, l'auteur des *Considérations*. Il s'était appliqué avec un grand zèle aux sciences physiques ; presque toutes les lectures qu'il fit dans sa jeunesse, à l'académie de Bordeaux, roulent sur la cause de l'écho, sur les causes de la pesanteur ou de la transparence des corps, sur les motifs qui doivent nous encourager aux sciences. La philosophie ne devait guère avoir de secrets pour lui, si l'on en juge par ce goût de l'analyse.

(1) *Les Oratoriens instituteurs*, par le P. Chauvin, p. 10-11.

(2) *Pensées diverses*

(3) Techener, *Description raisonnée d'anciens manuscrits*. Vian. *Histoire de Montesquieu*, p. 145.

par cette disposition à la recherche des causes, qui est le besoin le plus impérieux de son intelligence. Il a écrit lui-même à propos de *l'Esprit des lois* : « Je puis dire que j'y ai travaillé toute ma vie. Au sortir du collège, on me mit dans les mains des livres de droit, j'en cherchai l'esprit (1) ». Il se classait dès cette époque dans l'école des penseurs ; il s'enrôlait à la suite de Pascal ou de La Bruyère, différant d'eux cependant en ce qu'il cherchait à ramener toutes ses maximes à un objet déterminé, qu'il les choisissait et les taillait comme des pièces de mosaïque en vue d'en composer son grand livre. Rien n'est intéressant comme de suivre ce travail de son esprit, depuis les premiers temps de sa jeunesse, à travers les quatre gros volumes de pensées que ses descendants ont conservées et qui verront bientôt le jour.

Enfin, c'est pendant ses années de collège qu'il s'est fait un style à lui, un style incomparable. Je suppose bien que les exercices de l'académie de Juilly n'y ont pas été étrangers, — M. Siméon Luce vient de vous prouver, avec une rare élégance, qu'elle n'a rien perdu de son ancienne valeur. — Ses dissertations juvéniles, si on les retrouvait, doivent ressembler de bien près aux essais qu'il composa dans les années suivantes, et qui ont toujours un peu l'air d'exercices d'école : un *Discours sur Cicéron*, l'*Éloge de la sincérité*, la *Différence de la considération et de la réputation*. Même dans cette première période de sa vie, une phrase de lui se reconnaîtrait entre mille, cette phrase travaillée, aiguisée, imagée, brillante, présentant l'idée en saillie. S'il est vrai de dire avec Buffon que le style c'est l'homme même, on peut en conclure que l'homme était formé en quittant le

____

(1) Lettre du 7 mars 1749, au grand prieur Solar.

collège ; il y était entré Charles de Secondat, il en sortait réellement Montesquieu.

Voilà, si je ne me trompe, la part de l'éducation dans le développement de son esprit. Je ne serais pas complet cependant, si je n'ajoutais qu'il avait surtout appris à apprendre. Il emportait de cet asile un goût ardent de l'étude qu'il a conservé jusqu'à son dernier jour, et qui a fait de ce grand savant un étudiant perpétuel : « Je m'éveille le matin, dit-il, avec une joie secrète de voir la lumière, je vois la lumière avec une espèce de ravissement (1) ». Cette lumière, ce n'était pas seulement celle des yeux, c'était celle de l'esprit. Avec le jour, le travail recommençait. Il avait dans le château de la Brède une bibliothèque immense, qui en fait encore un des trésors, et dont un de ses petits-fils publiera prochainement le catalogue. Toutes les branches de la science humaine y sont représentées, et les volumes qui lui étaient familiers y sont presque tous annotés de sa main. A côté de la théologie, de la jurisprudence, des belles-lettres, de l'histoire, les récits des voyageurs tels que Chardin, Thomas Gage, les lettres édifiantes, le recueil des voyages qui ont servi à l'établissement de la Compagnie des Indes, y tiennent une grande place. Grâce à eux, le monde entier s'ouvrait à ses regards, lui révélant les mœurs, les lois, les religions des différentes nations. Sa pensée voyageait ainsi non-seulement à travers le temps, vers l'antiquité, mais à travers l'espace, chez les différents peuples, civilisés ou même à demi-sauvages, cherchant à surprendre le secret de la vie primitive et de la formation des sociétés, aussi bien que l'enchaînement des faits et la raison d'être des institutions.

(1) *Pensées diverses.*

C'est par une telle préparation qu'il préludait aux trois grands ouvrages qui devaient le faire entrer dans la gloire : les *Lettres persanes,* les *Considérations sur les causes de la grandeur des Romains et de leur décadence,* l'*Esprit des lois :* conceptions d'un esprit méditatif qui, malgré la différence des titres et des cadres, se ressemblent par plus d'un côté et ont fondé la philosophie de l'histoire et celle des lois, en les éclairant l'une par l'autre.

Les *Lettres persanes* n'ont été publiées qu'en 1721 ; mais il est certain qu'elles n'ont pas été écrites tout d'un trait, et il est même assez vraisemblable qu'elles ont été composées pour la plupart aux dates que porte chacune d'elles, de 1711 à 1720, et sur le vif des incidents qui les provoquent. « Montesquieu, raconte l'abbé de Guasco, disait qu'obligé par son père de passer toute la journée sur le Code, il s'en trouvait le soir si fatigué que, pour s'amuser, il se mettait à composer une lettre persane, et que cela coulait de sa plume sans étude (1). » Si elles ont été, en effet, commencées vers 1711, à l'époque où l'écrivain avait 22 ans, on doit s'étonner de plus en plus de la variété déjà si étendue de ses connaissances, de la maturité précoce de son esprit.

Sous le masque de deux Persans qui parcourent l'Europe et font à Paris surtout un long séjour, l'auteur entreprend la satire la plus vive, la plus piquante, la plus légère des travers, des ridicules, des vices de son siècle. Ce sont des chapitres à ajouter aux *Caractères* de La Buyère, mais d'un La Bruyère bien autrement sceptique et audacieux que son devancier. Montesquieu entre si bien, si j'ose le dire, dans

(1) Note sur une lettre de Montesquieu du 4 octobre 1752.

la peau de ses personnages, qu'il devient musulman avec eux ; et alors il se croit tout permis, descriptions libertines des mœurs d'un harem, étonnement critique devant la plupart des lois des peuples chrétiens, railleries ironiques sur la religion elle-même.

Est-ce par l'effet d'un déréglement de l'imagination et de la conscience, est-ce pour faire une avance aux lecteurs du temps de la Régence et leur faire mieux accepter les parties sérieuses de son livre, est-ce simplement, comme il l'a prétendu, pour donner plus de vraisemblance à ses personnages de roman qu'il met tant de hardiesse sous leur plume ? « Huart veut faire une nouvelle édition des *Lettres persanes*, écrit-il en 1752 ; mais il y a quelques *juvenilia* que je voudrais auparavant retoucher, quoiqu'il faut bien qu'un Turc voie, pense et parle en Turc et non en chrétien ; c'est à quoi bien des gens ne font point attention en lisant les *Lettres persanes* (1). » Cette affirmation, il la confirme et la développe en ces termes dans la préface de l'édition de 1754 : « Il y a quelques traits que bien des gens ont trouvés bien hardis ; mais ils sont priés de faire attention à la nature de cet ouvrage..... Bien loin qu'on pensât à intéresser quelque principe de notre religion, on ne se soupçonnait pas même d'imprudence. Ces traits se trouvent toujours liés avec le sentiment de surprise et d'étonnement et point avec l'idée d'examen, et encore moins avec celle de critique. En parlant de notre religion, ces Persans ne devaient pas paraître plus instruits que lorsqu'ils parlaient de nos coutumes et de nos usages ; et s'ils trouvent quelquefois nos dogmes singuliers, cette singularité est toujours marquée au coin de la parfaite ignorance des

____

(1) Lettre du 4 octobre 1752 à l'abbé de Guasco.

liaisons qu'il y a entre ces dogmes et nos autres vérités. On fait cette justification par amour pour ces grandes vérités... »

Quoi qu'il en soit, et à travers toutes les licences de l'ouvrage, on doit y remarquer, principalement sur la politique, des jugements d'une force surprenante. Il se rencontre telle lettre, datée de 1711 et qu'on croirait écrite d'hier, sur les causes économiques et morales de la décadence de l'empire turc « qui, avant deux siècles, dit-elle, sera le théâtre des triomphes de quelque conqué-rant (1). » Mais voici quelque chose d'inattendu, ce sont des théories gouvernementales qui, trente ans à l'avance, annoncent déjà l'*Esprit des lois* ; c'est la distinction, qui est le fond de tout le système de Montesquieu, entre les trois natures de gouvernement qui, suivant lui, se partagent le monde : le despotisme, la monarchie et la république ; c'est l'intuition d'un meilleur régime, la constitution d'Angleterre, dans lequel « tout pouvoir sans bornes ne saurait être légitime (2). » Bien plus, dans le célèbre apologue des Troglodytes (3) qui semble détaché de quelque œuvre de Fénelon, l'auteur nous développe l'histoire d'un peuple primitif qui se met en révolte contre son chef, qui veut vivre sans autorité tutélaire et finit par s'entredétruire ; ce peuple revit bientôt dans quelques familles vertueuses, qui cherchent à former entre elles une république honnête... (on dirait aujourd'hui une république conserva-trice). Mais bientôt « la *vertu* commence à leur peser », la vertu, ce fameux ressort des républiques ! N'ayant point de

(1) Lettre 19.
(2) Lettres 103, 104, 105.
(3) Lettres 11, 12, 13, 14.

chef, ils sentent « qu'il leur faut être vertueux malgré eux, que sans cela ils ne sauraient subsister » ; et, comme la vertu absolue n'est pas de ce monde, ils se décident à se donner un roi. C'est tout l'*Esprit des Lois* en germe dans les *Lettres persanes*.

Le temps marche. Montesquieu est reçu à l'Académie française (1) ; il triomphe dans les salons de Bordeaux et de Paris ; partout il cherche à grossir son butin d'informations. Les femmes, auprès desquelles il est cependant fort galant, lui reprochent « de venir faire son livre dans la société, de retenir tout ce qui s'y rapporte, de ne parler qu'aux étrangers dont il croit tirer quelque chose d'utile (2) ». Mais ni les conversations du monde, ni même les ressources de sa bibliothèque ne lui suffisent plus ; il veut aller étudier sur place ces institutions des différents peuples qu'il se propose de comparer entre elles. Il se démet de sa charge de président à mortier, et parcourt successivement l'Autriche, la Hongrie, les républiques ou États d'Italie, Venise, Florence, Gênes, sans excepter Rome, pour laquelle il a une prédilection marquée. Partout il s'entretient avec les hommes célèbres qui deviennent ses amis, lord Waldegrave, lord Chesterfield, qui sont tour à tour ses compagnons de route, le prince Eugène, le duc Charles-Emmanuel de Savoie, le prince de Lichtenstein, le financier Law, le fameux comte de Bonneval (Bonneval-pacha), le cardinal de Polignac. D'Italie il passe en Hollande, de Hollande en Angleterre et s'attarde pendant près de deux années de l'autre

---

(1) 24 janvier 1728.

(2) Mot de la duchesse de Chaulnes rapporté par Mme Necker, *Mélanges*. cf. Vian, p. 220.

côté du détroit, à voir fonctionner le mécanisme de cette constitution politique qu'il avait aimée d'instinct, et à laquelle il s'attachait tous les jours davantage.

Cependant, quand il rentre en France, ce n'est pas encore le secret des peuples modernes qu'il va nous livrer. Il veut, avant tout, aller demander des conseils et des exemples aux anciens, à ce peuple romain qui a fait pendant de si longs siècles l'étonnement de l'univers. En 1734, il publie le plus classique et le plus achevé de ses chefs-d'œuvre, *Les considérations sur les causes de la grandeur des Romains et de leur décadence.*

Tout a été dit sur cette œuvre maîtresse. Il serait hors de propos d'en tenter ici l'analyse. Je voudrais seulement en dégager le principe qui l'inspire, pour en faire hommage, en présence de ce buste, au génie qui l'a conçue.

C'est un principe d'une moralité supérieure, qui, au XVIIIe siècle, allait faire révolution dans la manière de comprendre et d'étudier l'histoire. Nous sommes au temps où les deux historiens en faveur, Voltaire et Frédéric, expliquent à l'envi les plus grands effets par les plus petites causes et les révolutions des empires par les caprices de la fortune. « Ce n'est pas la fortune qui domine le monde, s'écrie Montesquieu : on peut le demander aux Romains, qui eurent une suite continuelle de prospérités quand ils se gouvernèrent sur un certain plan, et une suite non interrompue de revers lorsqu'ils se conduisirent sur un autre. Il y a des causes générales, soit morales, soit physiques, qui agissent dans chaque monarchie, l'élèvent, la maintiennent ou la précipitent : tous les accidents sont soumis à ces causes ; et si le hasard d'une bataille, c'est-à-dire une cause particulière, a ruiné un État, il y avait une cause

(1) *Grandeur des Romains*, chap. 18.

générale qui faisa' que cet État devait périr par une seule bataille. En un mot, l'allure principale entraîne avec elle tous les accidents particuliers (1). »

Un demi-siècle avant Montesquieu, le seul écrivain auquel il puisse être comparé dans ces sereines hauteurs, Bossuet avait, lui aussi, dans son *Discours sur l'histoire universelle*, marqué d'un doigt souverain les causes de la prospérité et de la chute de Rome. Mais, pour le grand évêque, « ce long enchaînement des causes particulières qui font ou défont les empires dépend uniquement des ordres secrets de la divine Providence (1) ». Le philosophe laïque fait une part plus large à la liberté humaine. Il ne nie pas l'action divine qui punit les vices ou récompense les vertus des peuples ; mais, à côté des causes purement morales, il passe aussi au crible de son examen les circonstances politiques, habiletés ou fautes, qui ont déterminé les événements. Il décompose, à ce point de vue, dans l'espace de 200 pages, toute l'histoire du peuple romain, il démonte en quelque sorte les ressorts de la machine depuis sa fondation jusqu'à la destruction des deux empires. C'est, tout ensemble, une leçon de morale et de politique qu'il en veut tirer ; il sent que la ruine aurait pu être évitée, ce qui ajoute encore à la grandeur de son émotion quand il la voit imminente : « C'est ici, dit-il en son superbe langage, qu'il faut se donner le spectacle des choses humaines. Qu'on voie dans l'histoire de Rome tant de guerres entreprises, tant de sang répandu, tant de peuples détruits, tant de grandes actions, tant de triomphes, tant de politique, de sagesse, de prudence, de constance, de courage, ce projet d'envahir tout, si bien formé, si bien soutenu, si bien fini, à quoi aboutit-il

(1) *Discours sur l'histoire universelle*, 3e partie, chap. 8.

qu'à assouvir le bonheur de cinq ou six monstres ? Quoi ! ce
Sénat n'avait fait évanouir tant de rois que pour tomber
lui-même dans le plus bas esclavage de quelques-uns de ses
plus indignes citoyens, et s'exterminer par ses propres
arrêts ! On n'élève donc sa puissance que pour la voir mieux
renversée ! les hommes ne travaillent à augmenter leur
pouvoir que pour le voir tomber contre eux-mêmes dans de
plus heureuses mains ! (1) »

L'histoire, même celle des anciens, n'était pas pour Montesquieu une occasion de se distraire du grand projet qui
l'avait occupé toute sa vie ; c'était au contraire un auxiliaire
de son travail. Rechercher dans le monde entier l'*esprit des
lois*, c'est-à-dire les principes qui les dictent, les besoins
auxquels elles sont appelées à satisfaire, le rapport qu'elles
ont avec ces besoins, les circonstances diverses, morales ou
physiques, tenant à la religion, à la tradition, au commerce,
même au terrain et au climat, qui les diversifient à l'infini
sur la surface du globe, tel est, résumé en quelques lignes,
l'immense objet qu'il se proposait, et qu'il a embrassé dans
toutes ses parties avec un étourdissant succès.

Ce succès même, en matière aussi grave, n'est peut-être
pas ce qui doit le moins nous étonner dans l'entreprise.
Il fait honneur au siècle autant qu'à l'auteur. Montesquieu
lui-même ne s'y attendait point : « S'il m'est permis de pré-
dire la fortune de mon ouvrage, avait-il dit, il sera plus
approuvé que lu (2). » L'ouvrage, publié pour la première

(1) *Grandeur des Romains*, chap. 15.
(2) *Pensées diverses.*

fois en 1748, a atteint vingt-deux éditions en dix-huit mois ; il était, de plus, traduit dès 1750 dans toutes les langues.

L'idée génératrice du livre, c'est le culte de la loi qu'il oppose partout à l'arbitraire : « Les lois sont les rapports nécessaires qui dérivent de la nature des choses ; et, dans ce sens, tous les êtres ont leurs lois : la divinité a ses lois, le monde matériel a ses lois, les intelligences supérieures à l'homme ont leurs lois, les bêtes ont leurs lois, l'homme a ses lois (1). »

Dieu lui-même a ses lois, les lois de l'éternelle justice avec laquelle il se confond. Dieu n'est donc pas une puissance arbitraire. « Les règles selon lesquelles il a créé sont celles selon lesquelles il conserve ; il agit selon ces règles parce qu'il les connaît ; il les connaît parce qu'il les a faites ; il les a faites, parce qu'elles ont du rapport avec sa sagesse et sa puissance (2). »

On voit sans peine les conséquences qui découlent de ce premier principe. Tout pouvoir qui n'a pas de lois n'est mis en mouvement que par son caprice; il n'a pas de raison d'être.

Négligeons les détails. Allons droit à la théorie capitale du livre, à celle qui a fait sa popularité et qui maintient sa fortune, la théorie des constitutions politiques.

« Il y a trois espèces de gouvernements : le républicain, le monarchique et le despotique.... Le gouvernement républicain est celui où le peuple en corps, ou seulement une partie du peuple, a la souveraine puissance ; le monarchique, celui où un seul gouverne, mais par des lois fixes

(1) *Esprit des lois*, livre I, chap. 1.
(2) *Ibidem.*

et établies ; au lieu que, dans le despotique, un seul, sans loi et sans règle, entraîne tout par sa volonté et par ses caprices (1). »

Le gouvernement despotique est jugé d'un mot. C'est celui des rois d'Orient ; il n'a pas de règles, il n'a pas de lois, il n'a d'autre ressort que la crainte qu'il inspire.

Bien différente est la monarchie, même la monarchie absolue, telle que Montesquieu la connaissait. Elle a des lois fondamentales. Entre le prince et les sujets auxquels il commande, il y a des pouvoirs intermédiaires, subordonnés et dépendants, il existe en outre un dépôt de lois : en un mot, une noblesse et un parlement.

La république peut être démocratique ou aristocratique. Dans la démocratie « le peuple est le monarque »... « il nomme ses ministres, c'est-à-dire ses magistrats (2) ». « Dans l'aristocratie, la souveraine puissance est entre les mains d'un certain nombre de personnes. Ce sont elles qui font les lois et qui les font exécuter (3). »

Montesquieu donne pour principe à la République la *vertu*, « c'est-à-dire l'amour des lois et de la patrie... la préférence continuelle de l'intérêt public au sien propre (4) ». A la monarchie au contraire, il donne pour principal ressort l'honneur « qui peut, dit-il, joint à la force des lois, conduire au but du gouvernement, comme la vertu même (5) ».

On a souvent raillé ces définitions de l'*Esprit des lois*, faute de les entendre dans leur vrai sens. Eh quoi ! la vertu est-elle le propre des Républiques ? Le gouvernement répu-

(1) Liv. II, chap. 1.
(2) Liv. II, chap. 2.
(3) Liv. II, chap. 3.
(4) Liv. III, chap. 3 et livre IV, chap. 5.
(5) Liv. III, chap. 6.

blicain la favorise-t-il plus qu'aucun autre ? Il faudrait supposer Montesquieu singulièrement naïf pour lui attribuer de telles illusions.

Ce qu'il a entendu, et ce qui est vrai, c'est que dans la république, les hommes ne sentant pas sur eux le poids de l'autorité, et appelés à se gouverner eux-mêmes, auraient besoin d'une plus grande vertu pour se bien gouverner. Le jour où le principe de la démocratie se corrompt, « le peuple, ne pouvant souffrir le pouvoir même qu'il confie, veut tout faire par lui-même, délibérer pour le Sénat, exécuter pour les magistrats, et dépouiller tous les juges. Il ne peut plus y avoir de vertu dans la république »...., et le peuple « n'a plus que la cruelle alternative de se donner un tyran ou de l'être lui-même (1) ».

La monarchie, de son côté, si elle laisse son principe se corrompre « précipite l'État du gouvernement modéré au despotisme (2) ».

Dans un cas comme dans l'autre, la liberté succombe.

Quel sera donc le moyen d'assurer ce bien suprême, cette liberté « qui consiste à pouvoir faire ce que l'on doit vouloir et à n'être point contraint de faire ce que l'on ne doit pas vouloir (3) » ?

« Pour qu'on ne puisse abuser du pouvoir, il faut que, par la disposition des choses, le pouvoir arrête le pouvoir (4) ».

Ainsi Montesquieu est amené à décrire magistralement cette séparation du pouvoir législatif, du pouvoir exécutif et du pouvoir judiciaire dont il trouve un type dans la

(1) Liv. VIII, chap. 2.
(2) Liv. VIII, chap. 8.
(3) Liv. XI, chap. 3.
(4) Liv. XI, chap. 5.

constitution d'Angleterre, et qui, depuis son immortelle dé-
finition, est devenue le dogme politique de toutes les sociétés modernes, dogme, helas ! trop souvent violé, trop
souvent faussé dans l'application, mais qui reste toujours la
règle suprème à opposer à toutes les oppressions, qu'elles
viennent d'en haut où d'en bas.

Est-ce à dire qu'il présente la constitution d'Angleterre
comme un type unique qui s'impose uniformément à tous
les peuples ? Ce serait le rêve d'un utopiste et non plus le
désir d'un sage.

« Les lois, a-t-il écrit, doivent être tellement propres au
peuple pour lequel elles sont faites, que c'est un très grand
hasard si celles d'une nation peuvent convenir à une
autre (1) ». Et encore : « si je pouvais faire en sorte que tout
le monde eût de nouvelles raisons pour aimer ses devoirs,
son prince, sa patrie, ses lois ; qu'on pût mieux sentir son
bonheur dans chaque pays, dans chaque gouvernement,
dans chaque poste où l'on se trouve, je me croirais le plus
heureux des mortels (2) ».

On peut donc en être assuré. Si Montesquieu avait eu
entre les mains la puissance du législateur, il n'aurait jamais entraîné la France à renverser sa monarchie séculaire,
mais il aurait trouvé dans nos institutions nationales, ra-
menées à leurs justes principes, les éléments nécessaires
pour garantir cette séparation des pouvoirs qui est l'unique
condition de la liberté. Il aurait appliqué sa règle favorite
« que l'esprit de modération doit être celui du législateur (3) ». Il l'aurait fait pénétrer dans nos lois politiques

(1) Liv. 1, chap. 3.
(2) Préface de *l'Esprit des lois*.
(3) Liv. XXIX, chap. 1.

comme son influence l'a fait entrer dans nos lois pénales. Il aurait été le principal initiateur de ce généreux mouvement de réforme que le roi Louis XVI a provoqué, que le roi Louis XVIII a accompli en grande partie, mais qui a malheureusement dévié de son origine à travers nos révolutions successives,

Dans cet aperçu nécessairement trop rapide sur le génie de Montesquieu, j'ai laissé pour un moment dans l'ombre un point délicat, mais capital : ses croyances religieuses.

Il ne les laisse que rarement apparaître dans ses ouvrages. La facilité même avec laquelle il semble accepter, en tant qu'institutions humaines, les religions des différents peuples, l'a fait soupçonner d'indifférence et d'éclectisme. Le reproche ne lui en a pas été ménagé. Il l'a repoussé, dans la *Défense de l'esprit des lois*, avec une vigueur et une accumulation de preuves dont je dois en terminant faire honneur à sa mémoire.

Eût-il été possible qu'élévé comme nous l'avons vu dans cette maison de l'Oratoire, il en fût sorti avec un esprit rempli de toutes les connaissances humaines, et vide des vérités révélées ?

Son silence, en bien des rencontres, sur les dogmes ou même sur le grand rôle de la religion chrétienne, il l'a expliqué quelque part dans l'*Esprit des lois* : « Comme on peut juger parmi les ténèbres celles qui sont les moins épaisses, et parmi les abîmes ceux qui sont les moins profonds, ainsi l'on peut chercher entre les religions fausses celles qui sont les plus conformes au bien de la société ; celles qui, quoiqu'elles n'aient pas l'effet de mener les

---

(1) *Esprit des lois* liv. XXIV, chap. 1.

hommes aux félicités de l'autre vie, peuvent le plus contribuer à leur bonheur dans celle-ci (1) ».

« Il n'a pu regarder, dit-il ailleurs, toutes les religions fausses que comme des institutions humaines ; ainsi il a dû les examiner comme toutes les autres institutions humaines. Et quant à la religion chrétienne il n'a eu qu'à l'adorer comme une institution divine. Ce n'était donc point de cette religion qu'il devait traiter. » (1)

Mais du moins la religion chrétienne me fait l'effet, chez lui, d'une de ces eaux souterraines qui fertilisent et rafraîchissent le sol même où elles ne se montrent que par échappées.

Un de ses biographes nous raconte qu'au moment de mourir, le 10 février 1755, Montesquieu fit spontanément appeler le Père Castel, jésuite, qui était son ami. Le curé de Saint-Sulpice, qui tenait l'hostie entre les mains, lui ayant demandé : « Croyez-vous que c'est là votre Dieu ? » — « Oui, oui, a répondu le président, je le crois, je le crois (2) ».

La France chrétienne peut donc à bon droit revendiquer pour elle ce grand génie qui a consacré ses œuvres à prouver qu'on peut concilier en politique la liberté avec la tradition, en religion la tolérance avec la foi.

---

(1) *Défense de l'esprit des lois*, seconde partie, et *passim*.
(2) Lettre d'un témoin occulaire de sa mort, citée par M. Vian, *Histoire de Montesquieu*, p. 333.

M. le baron de Montesquieu prend ensuite la parole.

MESDAMES,
MESSIEURS,

Après les si éloquentes paroles que vous venez d'entendre vous ne vous attendez certainement pas à un discours de ma part.

Je veux seulement adresser tous mes remerciements aux Pères de l'Oratoire, particulièrement aux Pères Olivier, Chauvin et Bouscaillou, pour le sympathique et bienveillant accueil qu'ils m'ont témoigné chaque fois que je me suis présenté à Juilly, et spécialement pour la cordiale hospitalité que ma famille et moi recevons en ce jour, jour qui ne s'effacera jamais ni de notre mémoire ni de nos cœurs.

Grâce à la complaisance de ces messieurs, j'ai trouvé dans les archives et registres du Collège des renseignements sur le temps que mon aïeul a passé à Juilly, sur ses études, ses maîtres, et la vie qu'on y menait au commencement du XVIIIe siècle.

Je ne parle pas ici de ces documents, mais ils entreront à leur place dans la publication des *Œuvres inédites* de notre aïeul, que mes frères et moi avons entreprise et dont deux opuscules ont déjà paru : *Réflexions sur la monarchie universelle en Europe* et *Discours sur la considération et la réputation.*

Je ne donnerai pas non plus la liste de tous les ouvrages que nous allons publier, la nomenclature en serait trop longue ; elle figure du reste en tête des deux opuscules dont je viens de parler.

Je me contenterai d'indiquer que le futur écrivain et président au Parlement de Bordeaux, entra au collège de Juilly en août 1700, il avait alors onze ans, et qu'il en sortit en septembre 1705, à l'âge de seize ans. Le collège de Juilly était dirigé à cette époque, d'abord par le Père Le Ber, et ensuite par le père Malguiche. Le frère Andrieu en était le procureur.

Beaucoup de légendes fausses et d'appréciations érronées ont été dites sur notre aïeul par les différents écrivains approbateurs ou critiques qui se sont occupés de lui. La préface générale de la publication que nous préparons les détruira et rétablira la vérité sur lui et sur sa famille.

Je n'effleurerai qu'en passant le sujet religieux. Mon aïeul a été accusé d'avoir attaqué la religion, eh bien ! pour prouver combien on s'est trompé à son égard, je ne citerai qu'une seule pensée de lui à ce propos.

Il a dit et écrit : « La religion, qui semble n'avoir été « établie que pour faire notre bonheur dans la vie future, « le fait aussi ici-bas. »

Parmi la correspondance et les écrits de mon aïeul, j'ai trouvé l'éloge du maréchal de Berwick, dont vous voyez ici le buste, le vainqueur d'Almanza et de Barcelone, né en 1670, tué d'un boulet de canon au siège de Philipsbourg en 1734, qui était un de ses anciens de Juilly. Coïncidence qui avait dû les rapprocher dans le monde et la société d'alors.

Puis, dans la bibliothèque de la Brède que je possède, on trouve plusieurs volumes ayant appartenu à Malebranche, un des plus illustres pères de l'Oratoire, dans tous les cas le plus célèbre des disciples de Descartes.

On sait comment Malebranche, né en 1638 mort en 1715, abandonna l'étude de l'histoire pour laquelle il avait peu d'attrait, et se livra à l'étude de la philosophie. Ce fut en lisant le *Traité de l'homme* de Descartes qu'il sentit naître en lui sa vocation de philosophe et de moraliste. Le plus renommé de ses ouvrages est son traité ; *La recherche de la vérité.*

En fouillant les anciens registres de Juilly, comme je l'ai déjà dit plus haut, j'ai rencontré bien des noms de familles de la Guienne, dont les enfants étaient envoyés au collège de Juilly ; quelques-unes de ces familles n'existent plus aujourd'hui ; d'autres ont encore des représentants. Parmi celles-ci, permettez-moi de citer, monsieur le supérieur, puisque vous m'avez souvent répété qu'ici nous étions en famille, le nom de Verthamon que j'ai vu figurer souvent sur vos anciens registres, à peu près à la même époque que celui de monsieur de La Brède, nom sous lequel on désignait alors mon aïeul et qu'il a porté jusqu'à la mort de son oncle Jean-Baptiste de Secondat, baron de Montesquieu, président au parlement de Bordeaux, qui l'institua son héritier universel.

Verthamon, nom glorieux, dont le chef de famille, notre cousin germain Henri de Verthamon a péri à Loigny en 1870, en s'élançant bravement, la bannière du Sacré-Cœur à la main, au-devant de l'ennemi. Je ne pouvais oublier ce souvenir, entouré des noms des anciens élèves de Juilly, morts également pour la patrie, noms que j'ai vus gravés sur le marbre de la chapelle du collège où flotte également cette bannière du Sacré-Cœur.

Je les associe tous à la même gloire et aux mêmes regrets.

En terminant, messieurs, je tiens aussi à remercier mon ami et parent M. Amédée Lefèvre-Pontalis pour la manière remarquable dont il a traité le sujet si difficile, l'éloge de mon aïeul, sujet si souvent traité qu'il paraissait impossible d'y revenir, mais, rajeuni grâce au savoir et à la compétence que M. Lefèvre-Pontalis possède des hommes et des choses du XVIII° siècle.

Il me reste encore à exprimer à la savante académie de Malebranche, si bien représentée par son jeune et déjà très érudit président M. Siméon Luce, toute ma gratitude pour l'aimable et charmante réception qu'elle a bien voulu faire aux descendants d'un ancien élève de Juilly.

Le R. P. Olivier, supérieur du collège, a remercié en ces termes :

MES CHERS ENFANTS,

Je ne puis laisser se clore cette fête littéraire sans remercier Monsieur le Baron de Montesquieu et les membres de sa noble famille : ils se sont rappelé que leur illustre ancêtre avait fait ses études à Juilly et qu'il devait peut-être quelque chose de sa gloire à ce vieux collège. Dans ce sentiment de délicate reconnaissance, ils ont offert à Juilly la nouvelle édition des œuvres complètes du Président qu'ils préparent avec un goût et un talent si sûrs et le magnifique buste que nous inaugurons. Les œuvres auront leur place dans notre bibliothèque et le buste aura la sienne dans notre galerie historique; ces deux souvenirs, en nous redisant le génie de l'aïeul, nous rappelleront la généreuse gratitude de ses descendants.

Bien des fois, mes chers enfants, vous passez devant ces portraits de vos glorieux *anciens* ; en les regardant, vous pensez aux panégyristes qui les ont loués devant vous : du Petit-Thouars (1) vous rappelle l'amiral Humann ; Montesquieu, j'en réponds, vous rappellera M. Amédée Lefèvre-Pontalis et le magistral éloge où il a mis tant de tact, tant de science politique et de sentiment chrétien. De grands écrivains ont fait l'éloge de l'auteur de l'*Esprit des lois*. Celui que vous venez d'applaudir prendra rang parmi les meilleurs : il restera. Ces éloquentes paroles honoreront celui qui les a inspirées, celui qui les a écrites et l'auditoire qui les a entendues.

(1) L'amiral Humann a fait l'éloge de l'amiral du Petit-Thouars à l'inauguration de son buste le 24 mai dernier.

Châteaudun. — Imprimerie J. Pigelet